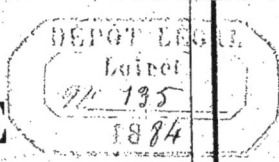
LE DIMANCHE

ET

SES BIENFAITS POUR LE PEUPLE

RAPPORT

PRÉSENTÉ PAR M. L'ABBÉ BELLET

À

L'ASSEMBLÉE ANNUELLE DES ASSOCIÉS DE L'ŒUVRE DOMINICALE

TENUE A ORLÉANS, LE 16 MARS 1884

Sous la présidence de Monseigneur l'Evêque

> Venez à moi, vous tous qui travaillez
> et qui êtes chargés, et je vous soulagerai.
> (S. MATHIEU, ch. XI, v. 28.)

ORLÉANS

IMPRIMERIE PAUL COLAS

VIS-A-VIS DU MUSÉE

1884

LE DIMANCHE

ET

SES BIENFAITS POUR LE PEUPLE

RAPPORT

PRÉSENTÉ PAR M. L'ABBÉ BELLET

À

L'ASSEMBLÉE ANNUELLE DES ASSOCIÉS DE L'ŒUVRE DOMINICALE

TENUE A ORLÉANS, LE 16 MARS 1884

Sous la présidence de Monseigneur l'Evêque

> Venez à moi, vous tous qui travaillez
> et qui êtes chargés. et je vous soulagerai.
> (S. MATHIEU, ch. XI, v. 28.)

ORLÉANS

IMPRIMERIE PAUL COLAS

VIS-A-VIS DU MUSÉE

—

1884

LE DIMANCHE

ET

SES BIENFAITS POUR LE PEUPLE

Monseigneur,

Mesdames, Messieurs,

Il en est des œuvres comme des hommes. Elles éprouvent souvent le besoin de se demander à elles-mêmes : Qu'ai-je fait et que me reste-t-il à faire ?

Ce n'est pas seulement ce besoin qui nous a conduits ici en ce jour, c'est encore un devoir : le devoir bien doux à remplir, Monseigneur, de vous rendre compte du résultat de nos travaux et de solliciter pour l'avenir vos sages conseils et vos paternels encouragements ; le devoir toujours fécond, Mesdames et Messieurs, — et votre présence, dont nous ne saurions trop vous remercier, prouve que vous le comprenez, — de nous reconnaître, de nous compter, de nous partager les rôles et de nous promettre mutuellement fidélité et zèle dans le soutien d'une cause également chère à tous, puisqu'elle est la cause de la patrie, des âmes et de Dieu.

Où en est notre œuvre de la sanctification du Dimanche ?

Avant de répondre à cette question, il ne me semble pas inutile de vous rappeler le but que nous nous proposons et le plan d'action que nous avons résolu de suivre.

Notre but est de faire revenir le monde à l'observation du troisième commandement de Dieu. La poursuite d'un tel dessein peut paraître téméraire et accuser de notre part plus d'ardeur que de sagesse ; aussi je me hâte d'ajouter que nous avons trois alliées puissantes dont le concours est la raison de notre audace : *la foi*, nous sommes du parti de ceux qui croient que, contre le mal, il y a toujours quelque effort à tenter, et que plus une situation est désespérée, plus il est juste qu'on s'y intéresse ; *l'espérance* : nous avançons lentement, ne cherchant pas à tout gagner d'un seul coup, pour ne point courir le danger de tout perdre, grossissant peu à peu notre petite armée, accomplissant d'abord le bien le plus facile, celui de la conservation, et attendant avec patience que le temps, les événements et la grâce d'en haut nous permettent de réaliser celui de la conquête ; *la charité* : nous nous efforçons d'offrir au Sacré-Cœur de Notre-Seigneur-Jésus-Christ des réparations pour les outrages que lui prodiguent les profanateurs du saint jour, et nous avons la confiance de servir ainsi utilement la gloire de Dieu et les intérêts de notre prochain.

Telle a été notre tactique depuis cinq ans.

Après ce petit nombre d'années, j'aimerais, Mesdames et Messieurs, à vous causer la surprise de vous dire : Dans le diocèse d'Orléans, le dimanche est universellement sanctifié ; en ce jour-là, personne ne travaille, aucun commerce ne s'exerce, tous les fidèles assistent aux offices religieux. — Mais la vérité a ses droits et j'entends les respecer en vous exposant ce que nous avons obtenu.

Loin de moi la pensée d'attribuer à l'œuvre dominicale le mérite de tout ce qui s'accomplit autour de nous en conformité avec le troisième précepte du Décalogue. Néanmoins, notre association a déjà produit des fruits qu'il convient de faire remarquer.

En premier lieu, elle a contribué à mettre de plus en plus en honneur la loi du dimanche. Nous savons que plusieurs négociants, en se déterminant à fermer leurs magasins, ont obéi à l'esprit de foi que notre œuvre propage. Ne dois-je pas vous signaler encore le noble exemple donné par les *Annales religieuses* de notre diocèse, qui depuis quelques semaines paraissent le vendredi au lieu du samedi, afin d'épargner aux facteurs des pays étrangers à la ville, la peine de les distribuer le jour du repos ? Enfin, ce qui existe réellement, mais qu'il est impossible de rapporter ici, ce sont tous les sacrifices des familles ou des personnes vraiment chrétiennes, qui s'appliquent à laisser le dimanche, à tous leurs employés ou serviteurs, l'entière liberté dont elles sentent si bien le prix pour elles-mêmes.

Un second bienfait de notre œuvre a été de grouper les plus fervents observateurs du septième jour, tant à Orléans que dans un certain nombre de communes rurales, et de les préserver contre le relâchement, soit par le seul fait de leur union, soit surtout par les exercices communs. Ces exercices se composent d'une messe célébrée chaque mois dans l'une des douze églises de notre ville et à laquelle sont spécialement invités les associés de la paroisse, et d'une réunion générale des zélateurs et zélatrices tenue chaque trimestre dans l'hospitalière église de Saint-Pierre-du-Martroi. Vous jugerez, Mesdames et Messieurs, si c'est encore là un avantage, vous qui savez que l'union dans la foi triomphe de l'enfer et que l'union dans la prière triomphe du Ciel même.

Et enfin, Dieu seul connaît tout le bien que produit la diffusion de la petite revue du *Dimanche catholique*. Près de 650 exemplaires circulent tous les mois parmi nos associés, et nous conseillons à ceux-ci de les faire lire à des personnes qui ne sont pas inscrites dans l'œuvre. Il n'est pas une paroisse qui ne reçoive au moins un numéro de ce bulletin; car depuis plusieurs années, nous offrons un abonnement gratuit à chacun de Messieurs les Curés.

Voilà ce que nous sommes.

Si j'entreprenais maintenant de répondre à ma seconde question et de dire ce qu'il nous reste à faire, ma réponse serait longue. Aussi, me proposè-je simplement d'attirer votre attention sur un des caractères de la plaie que nous cherchons à guérir. D'ailleurs, ce caractère suffira pour nous permettre de calculer l'immense étendue des ravages que peut causer au milieu de nous le fléau de la violation du dimanche. Je veux parler de la présence de ce mal au sein de la classe ouvrière.

Cette classe — et j'y comprends tout ensemble les personnes qui travaillent dans les ateliers ou les usines et celles qui se livrent à la culture du sol, — forme sans contredit la grande majorité de la population ; de sorte que s'il est vrai qu'une nation vaut ce que valent les hommes qui la composent, que les peuples sont responsables devant Dieu de leurs actes publics, et que le Souverain Maître, ne les distinguant plus dans l'autre vie, les récompense ou les châtie ordinairement dans ce monde, si cela est vrai, Mesdames et Messieurs, — et ni la raison ni l'histoire ne nous permettent d'en douter, — quiconque est animé de sentiments patriotiques et chrétiens, peut-il demeurer indifférent et inactif en présence de ce qui se passe chez nous ?

Le troisième commandement de Dieu est presque partout méconnu de la classe ouvrière. Le dimanche, dans les villes ou dans les quartiers où cette classe domine, les églises sont à peu près désertes; dans les campagnes, on ne va plus à la messe.

Sans rechercher d'où vient ce désordre, contentons-nous de nous convaincre que cette irréligion pratique est en elle-même, pour l'homme du peuple, le plus lamentable des malheurs, parce que plus que personne, il a besoin du repos et de la sanctification du dimanche.

Il en a besoin d'abord pour *sa vie matérielle et physique*.

Sur qui pèse le plus lourdement le fardeau de la condamnation prononcée à l'origine du monde contre notre race : *Tu mangeras ton pain à la sueur de ton front*, si ce n'est sur celui qui est, obligé, pour se nourrir et nourrir sa famille, de supporter les fatigues d'un rude et continuel travail ? L'ouvrier n'a point de rentes; il vit au jour le jour. Vienne pour lui le chômage ou la maladie, vous verrez bientôt entrer sous son toit la plus affreuse misère. Or, le chômage vient quelquefois, et la maladie souvent.

Le chômage est un des maux de l'heure actuelle; il a plusieurs causes, et entre autres, ainsi qu'on l'a reconnu et déclaré dans les discussions récentes de nos assemblées législatives, l'excès de production, conséquence de l'absence du repos. Déjà en 1848, un homme dont le témoignage ne sera pas suspect, un des principaux docteurs du socialisme, Pierre Leroux, faisait entendre à la tribune ces paroles : « Il y a un moyen de défendre le travailleur dans son existence ou dans son salaire, ce qui est tout un, c'est la consécration du principe du repos obligé qui se pratique partout où la religion chrétienne a force et autorité. Ce repos est considéré à juste titre par tous les penseurs comme le plus puissant des freins que la religion puisse opposer à l'envahissement croissant de la misère du peuple. »

Et la maladie, n'a-t-elle pas aussi, la plupart du temps, sa source première dans un labeur ininterrompu ? Dieu n'a donné de forces à l'homme que juste ce qu'il faut pour travailler six jours et il lui a prescrit de se reposer le septième. S'il ne conforme pas sa vie à cette loi providentielle, il usera infailliblement son corps avant l'âge et il nous donnera une fois de plus le triste spectacle de ces cadavres vivants qui se traînent péniblement jusqu'à leur tombe, tandis que leur famille, qui manque de tout, se livre à la mendicité ou au désordre.

Le repos est absolument nécessaire pour réparer les pertes subies dans le travail ; et il ne faut pas entendre par là un repos quelconque, par exemple le repos de l'inaction ou à plus forte raison celui de la débauche, mais le repos religieux et par conséquent le repos du dimanche. Le corps ne saurait être soulagé quand l'âme demeure accablée ; le délassement physique n'est complet qu'à la condition d'être accompagné du délassement moral, c'est-à-dire de la liberté de l'esprit, de la joie du cœur, de la paix de la conscience, trésors inséparables de la fidélité à Dieu.

Il est donc vrai, Mesdames et Messieurs, que, sans l'observation du dimanche, l'homme du peuple voit sa vie matérielle compromise.

Que dirons-nous maintenant de *sa vie morale ?*

Rien de mieux qu'un grand Evêque de notre temps, Mgr Parisis, et je ne résiste pas au désir de vous le citer longuement :

« Les peuples, dit-il, qui le jour du Seigneur demeurent ensevelis dans leurs travaux matériels tomberont dans une espèce de barbarie plus odieuse que la barbarie primitive, puisqu'elle aura toutes les exigences de la civilisation. Comment voulez-vous qu'ils comprennent la dignité de leur être, ces hommes qui n'ont pas un jour par semaine, souvent pas un jour par mois, pour y refléchir ? Comment se pourrait-il qu'ils n'eussent pas un goût dominant pour la terre, quand tous les jours, sans exception et sans relache, ils y restent attachés, collés et pour ainsi dire identifiés par le travail ?... Et ces populations de tout sexe et de tout âge que l'on entasse dans les infatigables officines de l'industrie moderne, que l'on y enchaîne nuit et jour au service de ces puissantes et colossales machines qui ont détrôné la main de l'homme, et ces enfants que l'on dresse à obéir servilement aux mouvements irrésistibles de ces êtres inanimés avant de leur avoir appris à obéir à Dieu ; ces populations ouvrières, déjà nécessairement appesanties, matérialisées, qu'on nous permette encore le mot, abruties par des occupations qui rétrécissent et rabaissent leur intelligence, si elles n'ont pas au moins le dimanche pour se relever à leur propres yeux, pour entendre autre chose que le battement monotone d'un balancier et le bruit étourdissant des mille rotations qu'il fait mouvoir ; si elles n'ont pas le dimanche pour reposer leur corps et faire un peu fonctionner leur âme à son tour, comment voulez-vous qu'elles ne deviennent pas étrangères et comme inaccessibles à toute idée spirituelle et morale ? »

La vie morale, ce n'est pas encore assez, c'est *la vie religieuse* qu'il importe de protéger et de développer dans le peuple. Et ici nous touchons à ce qu'il y a de plus sacré, aux rapports mêmes de l'homme avec son Créateur et son Père, et, dans ces rapports, à ce qui est le plus digne d'admiration et de respect, aux affinités mystérieuses et touchantes entre Dieu et les plus deshérités de ses enfants.

Il faut que l'humble ouvrier connaisse Dieu, apprenne à le prier et à vivre avec lui.

L'homme du peuple n'a reçu sur la religion, durant son enfance, que des notions bien incomplètes ; ces notions ont rencontré chez lui, à mesure qu'il grandissait, de nombreuses causes de ruines ; quand il a trente, quarante ans, il lui est difficile de les reconquérir : les livres, les bons surtout, coûtent cher, et d'ailleurs il n'a ni le temps ni le goût des lectures sérieuses. Et pourtant l'instruction religieuse lui est nécessaire ; elle lui est nécessaire pour lui-même, s'il veut asseoir solidement sa vie dans la pratique des devoirs chrétiens ; elle lui est plus nécessaire encore de nos jours, à cause de notre système d'enseignement laïque et obligatoire, car là où la concurrence n'aura pas été établie, c'est-à-dire dans les localités où le pauvre domine, celui-ci sera contraint de subir la loi dans toute sa tyrannique rigueur et devra pourvoir par lui-même à ce que ses enfants connaissent leur religion. Mais le moyen de les instruire, s'il est ignorant ? Or, je ne vous l'apprends pas, Mesdames et Messieurs, c'est le dimanche, à l'église, au pied de la chaire de vérité, que le peuple s'instruira ; c'est le dimanche que le dogme tout entier repassera devant ses yeux par les cérémonies du culte et par les objets extérieurs, statues, images, emblèmes de toute sorte, qui ornent nos plus modestes sanctuaires.

La prière est encore une nécessité plus impérieuse pour le peuple que pour les autres hommes, parce que, pour ne rappeler que le motif qui lui est particulier, son travail est, si j'ose ainsi dire, celui dont le succès dépend davantage de Dieu. N'est-ce point à l'ouvrier, à l'artisan, que s'adresse principalement le mot de l'Evangile : *Ne vous préoccupez pas du lendemain ; ne dites pas : que mangerons-nous ? que boirons-nous ? de quoi nous vêtirons-nous ? Votre Père céleste sait que vous avez besoin de toutes ces choses.* — Voyez le cultivateur : il

laboure, il sème, il arrose, il façonne et ensuite... il attend ; il attend que le soleil et la pluie soient envoyés pour faire jaunir l'épi et
mûrir le raisin. Attendre ne suffit pas : le Maître du soleil et de la
pluie veut être prié, et quand est ce qu'apprendra à prier et que priera
l'homme qui travaille toute la semaine, si ce n'est le dimanche ?

Vivre avec la pensée de Dieu, voilà enfin le suprême besoin et le
suprême soutien du travailleur. Lui qui porte le poids du jour et de la
chaleur, s'il n'a pas cette pensée, ce poids lui semblera bien lourd.
Lui qui est sans cesse en contact direct avec l'œuvre de Dieu, qui la
reçoit telle qu'elle sort des mains du Créateur, pour l'approprier sous
mille formes aux exigences de la vie humaine, est-ce qu'il n'est pas
bon qu'il sache y reconnaître, y adorer, y respecter l'empreinte
divine ? Et pour peu qu'il y exerce son âme, il trouvera une facilité
surprenante à entretenir en lui cet esprit de foi. Dieu s'y prête d'une
façon merveilleuse. Ovide nous a fait un gracieux tableau du charme
que trouvèrent Jupiter et son fils Mercure à s'asseoir au foyer de
Philémon et de Baucis, où l'hospitalité leur était offerte avec la seule
richesse de bons visages et de cœurs généreux :

Super omnia vultus
Accessere boni, nec iners pauperque voluntas.

Que n'eût pas dit le poëte, s'il avait appris, dans les dernières années
de sa vie, que le vrai Dieu venait de naître, afin d'habiter parmi nous
et de mettre en pratique ce qu'il avait fait dire par son Esprit : *Mes
délices sont d'être avec les enfants des hommes*. Et nous savons, nous,
que c'est surtout avec les simples que le Sauveur s'est complu
et qu'il se complaît encore. Et pour ceux-ci, quelle source de
lumière et de force que cette société divine ! Elle leur révèle, quand
il le faut, la raison des années fécondes et des années stériles ; et quand
cette raison reste pour eux un mystère, elle leur enseigne le moyen
de s'y soumettre avec profit. — Le lieu où se cimente cette union
entre la créature et son Auteur, vous le connaissez, Mesdames et
Messieurs, c'est l'église. L'église, voilà donc où il faut que l'homme
aime à porter ses regards du milieu de ses champs ou du fond de son
atelier ; voilà où il faut qu'il prenne l'habitude de venir régulièrement,
et c'est le dimanche, et le dimanche seulement qu'il y pourra venir.

Ainsi, rien n'est plus justifié que la parole tant de fois citée : Sans
dimanche, pas de religion.

Il est digne du Souverain Législateur d'avoir prévu et satisfait, par son troisième commandement, tous les besoins de sa créature. Or, la vie individuelle n'est pas tout pour l'homme : il a une famille, et par conséquent *une vie domestique*. Et si nous voulons savoir combien l'observation du dimanche importe à la sauvegarde de cette vie, entendons-le de la bouche d'un petit enfant. Sa mère lui demandait : « Qu'est-ce que le dimanche ? — Mère, répondit-il, le dimanche, c'est le jour où l'on a le temps de s'aimer ! » Tout est dans ce mot. La famille est un foyer d'affection, et cette affection, en même temps qu'elle est le lien qui unit le père, la mère, les enfants, fait aussi leur honneur, leur consolation, leur force. « C'est au foyer domestique, a dit Mgr Dupanloup, au milieu de ces êtres chéris dont l'existence est suspendue à la sienne et que son travail nourrit, c'est là surtout que le cœur de l'homme se recrée et s'épanouit aux joies les plus pures. » Est-ce bien pour l'ouvrier, Mesdames et Messieurs, que ces lignes sont écrites, pour l'ouvrier qui part le matin de bonne heure à son travail, qui rentre très tard le soir, et se hâte de chercher dans le sommeil un délassement nécessaire, et puis qui retourne le lendemain à de nouveaux labeurs et à de nouvelles fatigues ? Oui, c'est pour lui, mais à une condition, c'est qu'il y aura un jour où, à leur réveil, ses enfants qui l'auront à peine vu durant une semaine, pourront aller se jeter dans ses bras; un jour où il ira entendre au milieu d'eux la messe de sa paroisse; un jour où il aura le loisir de prolonger le repas commun, toujours frugal, mais plus joyeux, parce qu'il n'y aura pas de place vide; un jour que tous ensemble achèveront par une innocente promenade ; en un mot, un jour où ce père, cette mère, ces enfants auront vraiment le temps de se voir et de s'aimer. Et ce jour, c'est le dimanche. Si cet heureux jour ne se lève jamais pour l'ouvrier, vous serez souvent témoins de ce que rapportait naguère un médecin, au parlement de Berlin : « J'ai eu l'occasion, disait-il, de visiter plus de 9.000 ouvriers, et j'ai constaté que pour tous ceux qui travaillent le dimanche, à l'atelier ou chez eux, ce travail avait le plus fâcheux effet. Dans leurs maisons régnaient la malpropreté et la discorde : la vie du cabaret avait remplacé la vie de famille. »

Enfin, n'oublions pas, Mesdames et Messieurs, qu'une nouvelle condition est faite, à notre époque, à l'homme du peuple : son rôle tend à devenir de plus en plus actif dans la société ; il a donc *une vie sociale*, non-seulement parce qu'il a des devoirs publics à remplir, mais encore parce qu'il peut exercer sur les affaires, dans une sphère plus ou moins large, une incontestable influence. Or, cette vie sociale qu'il se donne ou qu'on lui donne, ne le trouve ni préparé ni apte à s'y diriger par lui-même; et de là, un redoutable écueil pour lui, un danger très grave pour la société dont il est membre. Pour l'empêcher de se briser contre cet écueil et de faire sombrer la société avec lui, il faut donc lui procurer cette préparation et cette direction qui lui manquent.

Les gouvernements s'y emploient. L'instruction morale et civique a été, je suppose, inventée dans ce but. On apprend à l'enfant qu'il y a trois principes de conduite dans la vie publique, la liberté, l'égalité, la fraternité, sur lesquels il devra s'appuyer plus tard pour revendiquer et exercer ses droits. Mais quand l'enfant sera devenu homme, et qu'il ne trouvera autour de lui, même pendant la durée du régime politique sous lequel il aura été instruit de ces choses, ni liberté, ni égalité, ni fraternité, et qu'il sentira bouillonner dans son cœur des passions qu'on aura négligé de régler, et qu'en outre, plusieurs de ses semblables viendront, au nom de certaine secte mystérieuse, lui suggérer des idées de haine et de destruction, alors il se souviendra qu'on lui a dit qu'il avait des droits, et « il ne sera plus au fond, — je cite Mgr Parisis, — qu'un animal féroce, avide de saisir sa proie, subissant sa chaîne, tant qu'une main puissante l'y contraint, mais attendant avec impatience l'heure où il pourra la briser pour se gorger, n'importe à quel prix, de satisfactions matérielles et s'enivrer d'implacables représailles. » Est-ce bien au futur, Mesdames et Messieurs, que j'aurais dû dire ces choses ? — Admettons, si l'on veut, que ce tableau met les choses au pire, et reconnaissons que beaucoup d'ouvriers ont assez d'honnêteté humaine pour n'être pas exposés à se laisser entraîner à de pareilles folies et à de pareils crimes; au moins, on nous accordera qu'ils seront incapables de s'élever à des sentiments autres que l'égoïsme, l'amour du gain et de la tranquillité personnelle, et ce n'est pas avec de tels sentiments qu'on acquiert et qu'on pratique les vertus morales et patriotiques nécessaires à l'honneur et au salut d'une société.

Mais, quel est donc le moyen de diriger l'homme dans sa vie sociale ? Ce moyen, il ne faut pas craindre de le répéter, c'est la sanctification du dimanche. Le dimanche, le peuple apprendra à user de ses droits, en accomplissant ses devoirs ; il se consolera des inégalités dont il est victime, en voyant qu'en présence de l'infinie Majesté, les rangs disparaissent, et quelque chose lui dira, au dedans de lui-même, qu'il y a une noblesse à laquelle il peut prétendre, la noblesse du travail et de la vertu, et que celui qui la possède est le premier devant Dieu ; il entendra parler des œuvres de charité, et il saura qu'on s'occupe de lui et des pauvres ; il se fortifiera dans la crainte de Dieu, le respect de ses lois, de ses œuvres, de ses ministres, et au lieu de devenir un instrument de trouble et de destruction, il sera le gardien et le protecteur de tout ce qui est bon et saint. « Conservons, a dit un révolutionnaire, Proudhon, restaurons la solennité si éminemment sociale et populaire du dimanche, comme institution conservatrice des mœurs et source d'esprit public. Dans la célébration du dimanche est déposé le principe le plus fécond de notre progrès futur. »

Ainsi, Mesdames et Messieurs, de deux choses l'une : ou bien l'homme, et particulièrement l'homme de la classe ouvrière, aura la liberté et prendra l'habitude de sanctifier le jour du Seigneur, ou bien il devra faire le sacrifice de sa vie matérielle et physique, de sa vie intellectuelle et morale, de sa vie religieuse, de sa vie domestique, de sa vie sociale.

Il est utile de nous rappeler ces choses parce que nous pouvons concourir à le préserver de ce malheur, et c'est à cette conclusion pratique que tendait le tableau que j'ai essayé de vous présenter.

Soyons d'abord convaincus que, la gloire et l'existence même de la France étant intimement liées à la conservation de l'esprit religieux parmi nous, il est de notre devoir de ne rien négliger pour sauver cet esprit du naufrage qui le menace. Léon XIII a dit, dans sa récente Encyclique aux Evêques français : « Toute société qui exclut Dieu de ses lois et de son gouvernement, si riche et si puissante que vous la supposiez, porte en elle-même un principe de mort, et elle ne saurait se flatter de vivre longtemps. »

Si cette conviction est dans nos âmes, elle ne manquera pas d'inspirer nos actes.

On ne nous verra jamais exiger de ceux qui dépendent de nous, à quelque degré que ce soit, comme fournisseurs, comme employés,

comme serviteurs, des travaux qui leur rendraient impossible ou même
seulement difficile l'observation du troisième commandement.

Nous aimerons au contraire à user de toute notre influence sur eux
pour les amener à l'accomplissement de ce devoir chrétien. La plus
noble influence sera celle de l'exemple. Si nous leur donnons cet
exemple, généreux et constant, nous aurons ensuite plus de droits à
leur offrir nos conseils, à leur rappeler que la loi du repos a été principalement instituée pour eux, que cette loi est moins un fardeau
qu'un privilège et un acte de protection, et que s'il leur arrivait de
s'en plaindre, Dieu pourrait leur répondre : Ami, faut-il que tu sois
mauvais parce que je suis bon? Nous aurons plus d'autorité pour leur
faire accepter, en vue de les occuper le dimanche ou de leur inspirer
l'amour de leur devoir, les petites publications que notre œuvre propage. Nous pourrons enfin plus facilement les enrôler dans notre association, et il le faudra, Mesdames et Messieurs, parce que l'union
fait la force et que nous ne résisterons pas victorieusement aux en-
nemis qui pratiquent si bien cette union pour le mal, si nous ne la
pratiquons nous-mêmes pour le bien.

C'est surtout dans les communes rurales qu'il serait utile que
notre œuvre pût s'établir de plus en plus. Elle s'y étend sans doute,
et plusieurs nouvelles paroisses se sont aggrégées à nous pendant cette
année ; mais leur nombre doit s'accroître. Le zèle de Messieurs les
Curés ne fera jamais défaut; sachons le seconder. L'un de ces Messieurs
nous écrivait il y a un an : Je ne cesse de recommander votre œuvre;
j'ai déjà prêché depuis quelques années trente fois sur la sanctification
du dimanche, et je n'ai encore pu rien établir. Ce vénérable prêtre
ne s'est pas découragé et nous recevions de lui il y a quinze jours, une
liste de 110 associés. — Un autre, pour assurer la persévérance des
membres qu'il a pu grouper dans l'œuvre dominicale, les réunit
chaque mois, leur fait une instruction spéciale, et le noyau fidèle
grossit sensiblement. — Un troisième a résolu l'objection qu'on tire
souvent de la multiplicité des œuvres, qui se nuisent, dit-on, les unes
aux autres, en inscrivant les mêmes noms dans les œuvres de l'Apos-
tolat de la Prière, de Saint-François-de-Sales, de la Sanctification du
Dimanche. Il ne coûte pas plus de s'inscrire sur trois listes que sur
une seule, et trois chaînes sont plus difficiles à briser. — D'autres
nous ont demandé, à leurs frais, plusieurs abonnements au *Dimanche
catholique*, et ils font circuler cette revue parmi leurs ouailles. —

Enfin, un des plus jeunes Curés nous écrivait le 1ᵉʳ janvier : « La meilleure manière de vous souhaiter une bonne année, c'est de faire des vœux pour le développement de votre Œuvre dominicale. Aussi, je veux que ma paroisse concoure à ce développement, et je vous envoie, au nom de quelques bonnes âmes, la promesse de douze messes réparatrices qui seront dites le premier jeudi de chaque mois, de deux communions par semaine et de huit chapelets par jour; en outre, les petites filles de la première communion s'engagent à quatre heures de silence absolu pendant chacune de leurs journées de classe; il est vrai que ces enfants sont au nombre de *quatre* seulement; mais Dieu centuplera leurs mérites et votre œuvre y gagnera en bénédictions. » — Vous le voyez, Mesdames et Messieurs, nous avions raison de dire au commencement de ce Rapport, que contre le mal, il y a toujours quelques efforts à tenter. Eh bien, ce sont ces efforts que nous devons tous tenter selon notre pouvoir, et Dieu ne permettra jamais qu'ils soient tout à fait stériles.

Aussi bien, c'est pour sa gloire et sous la conduite de son Eglise, représentée au milieu de nous par notre vénéré et bien aimé Pasteur, que nous poursuivrons notre tâche. Que d'autres se préoccupent de faire observer le repos du dimanche, à cause des seuls avantages économiques et sociaux qu'il procure. Pour nous, sans contester ces avantages humains, nous croyons qu'ils dépendent eux-mêmes des intérêts religieux, et c'est au nom de la foi et de l'obéissance chrétiennes, que nous cherchons à rappeler nos frères à leur devoir. Là est notre vraie force, Mesdames et Messieurs; là est le principe de notre confiance, parce que Dieu est avec ceux qui travaillent pour lui; là est le soutien de notre courage, parce que, ce que Dieu aime, bénit et récompense, ce n'est pas le succès, mais la bonne volonté!

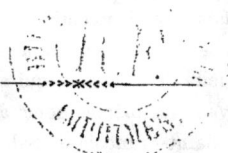

ORLEANS. — IMP. PAUL COLAS

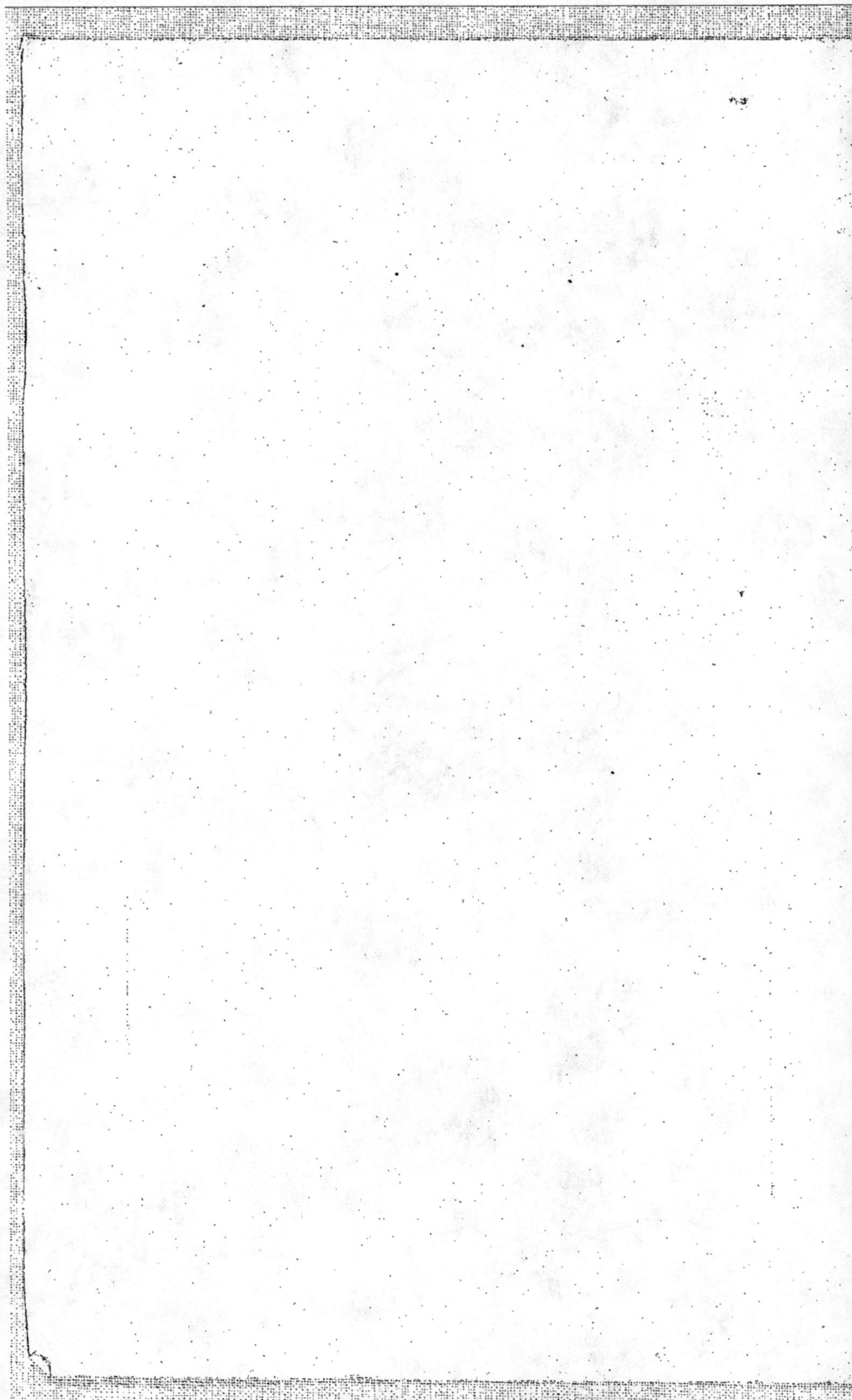

www.ingramcontent.com/pod-product-compliance
Lightning Source LLC
Chambersburg PA
CBHW060717280326
41933CB00012B/2459